ふるさと納税型
クラウドファンディングが拓く

善意立国論

「日本創生」の未来

川崎貴聖
Takamasa Kawasaki

創藝社

はじめに

世界でも例をみないユニークな「ふるさと納税制度」は、２０１８年で満10年を迎えます。住民税の寄付先となる自治体を納税者が選択できる点、自治体の創意工夫が寄付額に影響する点など、ビジネスの世界で言うところのマーケティング戦略や商品戦略が地方行政に取り入れられ、このユニークな実験は今なお続いています。２０１６年度にはふるさと納税制度を通じた寄付は、日本の寄付市場全体の４割弱を占める存在に達し、すでに単一の寄付手段としては最大のものとなりました。

制度導入開始から数年は黎明期で、同制度の寄付額は限定的でした。しかし２０１１年に東日本大震災が起きると、被災地域への寄付の手段としてふるさと納税が注目されるようになり、その年の寄付額は前年比22倍の６４９億円に上りました。２０１５年には、寄付者にとって確定申告が不要な簡易なプロセスも新設され、また税額控除枠も2倍になるなど、市場拡大を牽引する政策が実施されました。ふるさと納税市場への大企業の参入も相次ぎ、当該制度が広く世に認知されるようになった時期でした。２０１６年度には同制度を利用した寄付額は約２，８００億円に至り、自治体にとって巨大な資金調達の手段が生まれたと言ってもよい市場規模になりました。

資金調達は目的と計画の説明が必須です。私自身、上場企業のトップとして、資金調達の際には常に調達の目的と使途を明確にして、目的達成の実現可能性と合理性を株主や債権者へ訴え、説明する義務と責任を全うすることを求められます。同様に、ふるさと納税が資金調達であることを考えると、本来は、自治体には、必然性（目的となる課題は解決しなくてはならないか？　今解決しなくてはならないか？）、合理性（プロジェクト実行による地域経済へのリターンはコストに比べて十分に生まれるか？）、実現可能性（プロジェクトを執行して目的は実現できるか？）等を説明することが求められます。

しかしながら、これまでのふるさと納税市場は、巷で指摘されるように、目的や計画は曖昧で、ふるさと納税の見返り＝返礼品が寄付を誘発する面が否めませんでした。総務省調べでは、ふるさと納税で、しっかりした使途目的を示している自治体数は11・2パーセントほどしかなく、事後報告までしているのはさらにその4分の1ほどだとわかっています。各種ポータルサイトは返礼品で検索するデザインで設計され、寄付者は返礼品で検索する行動をとり、そして多くの自治体も返礼品の選定と還元率の調整に注力してきました。よって、資金調達の根本が抜けた不自然な状態と言われてもおかしくありませんでした。その意味では、これまでは、あるべき姿にたどり着いていない過渡期だったと言えます。

少し前にはなりますが、2014年には経済財政諮問会議の骨太の方針で「寄付文化の醸成」が方針として採択され、寄付文化を根付かせる点が強調されました。また、2017年には総務省主導で還元率の上限にガイドラインが生まれ、不適切と思われる返礼品のカテゴリーについても総務省の指導が入るようになり、結果として返礼品頼みの寄付から寄付目的による寄付文化へのシフトが始まりました。そして2017年秋にふるさと納税制度を活用した自治体によるクラウドファンディング（以下、「ふるさと納税型クラウドファンディング」）に関する総務省通達が出され、「ふるさと納税はあくまで手段であって目的ではない」というメッセージが強調された形となりました。加えて、総務省より、ふるさと納税型クラウドファンディングの特設サイト構築の協力事業者一覧が全国の自治体に通達され、弊社レッドホースコーポレーション株式会社もその1社として名を連ねております。

いまこうして、日本の寄付市場の最大部分を占めるようになったふるさと納税市場が、寄付目的が主導する市場へと、本来目指すべき姿へと、徐々に衣替えを始めています。

・寄付者の行動はどのように変わるか？
・自治体はどのような方向転換を迫られるのか？
・自治体はどのように企業を活用すべきか？
・当面はどのような実務が自治体と企業に求められるのか？
・自体の中期的な課題は何になるのか？
・どのような未来になるのか？

地殻変動に付随するこうした問いに、本書で可能な限り回答していきたいと思います。

弊社はふるさと納税制度に関しては、生産者様とのサプライチェーン構築、自社物流センターを用いた返礼品物流、契約自治体へのふるさと納税者様向けコールセンター運営、自治体様のコンサルテーションなど、どちらかというと「縁の下の力持ち」の独特のポジションで関与してきました。契約自治体数は250近くに上り（2018年1月現在）、連携している生産者様は4000社に達し、複数のポータルサイトとも共存共栄してきたため、業界全体を自治体、生産者、ポータルサイト、寄付者の複数の観点から冷静に見てきました。

そしてつい数ヶ月前、業界の地殻変動が本格的に起き始めた頃、我々自身、「日本創生」をスローガンに掲げ地方創生に携わる者として、自身のポータルサイトを初めて立ち上げ、ふるさと納税型クラウドファンディングに一石を投じようと行動を開始しました。

本書が、ふるさと納税型クラウドファンディングに関係する自治体様、企業様、寄付者様の意思決定の一助になれば幸いに存じます。

２０１８年３月吉日

レッドホースコーポレーション CEO
レッドホースコーポレーション株式会社 代表取締役会長
レッドホースグローバル株式会社 代表取締役

川崎　貴聖

目次

第4章　理想的な日本型寄付社会を描いてみる

第5章　レッドホースの挑戦

第１章

寄付業界のパラダイムシフト

ふるさと納税の存在感――寄付の4割

本論に入る前に、日本の寄付市場全体（ふるさと納税制度を利用した寄付の他に、まちづくり・まちおこし、緊急災害支援、こども・青少年育成、政治献金、宗教関連等を含む）の概観を見てみたいと思います。

日本の寄付市場の規模ですが、ある調査では、個人の寄付市場が6，931億円（2012年）、法人7，168億円（2016年）、と報告されています。なお、別のアンケートに基づく推計データですと、2016年の個人の寄付市場は7，756億円と推計されています。

続いて、本書のフォーカスでありますふるさと納税制度を活用した寄付額を見てみると、その存在感が圧倒的です。総務省調査によると、2016年度の同制度を活用した寄付額は2，844億円であり、寄付市場の実に4割弱を占めております。ふるさと納税市場自体も急成長しており、2014年には389億円市場であったのが、2015年には

ふるさと納税寄付額年次推移

ふるさと納税の受入額及び受入件数（全国計）

◯ふるさと納税の受入額及び受入件数（全国計）の推移は、下記のとおり。

◯平成28年度の実績は、約2,844億円（対前年度比:約1.7倍）、約1,271万件（同:約1.8倍）。

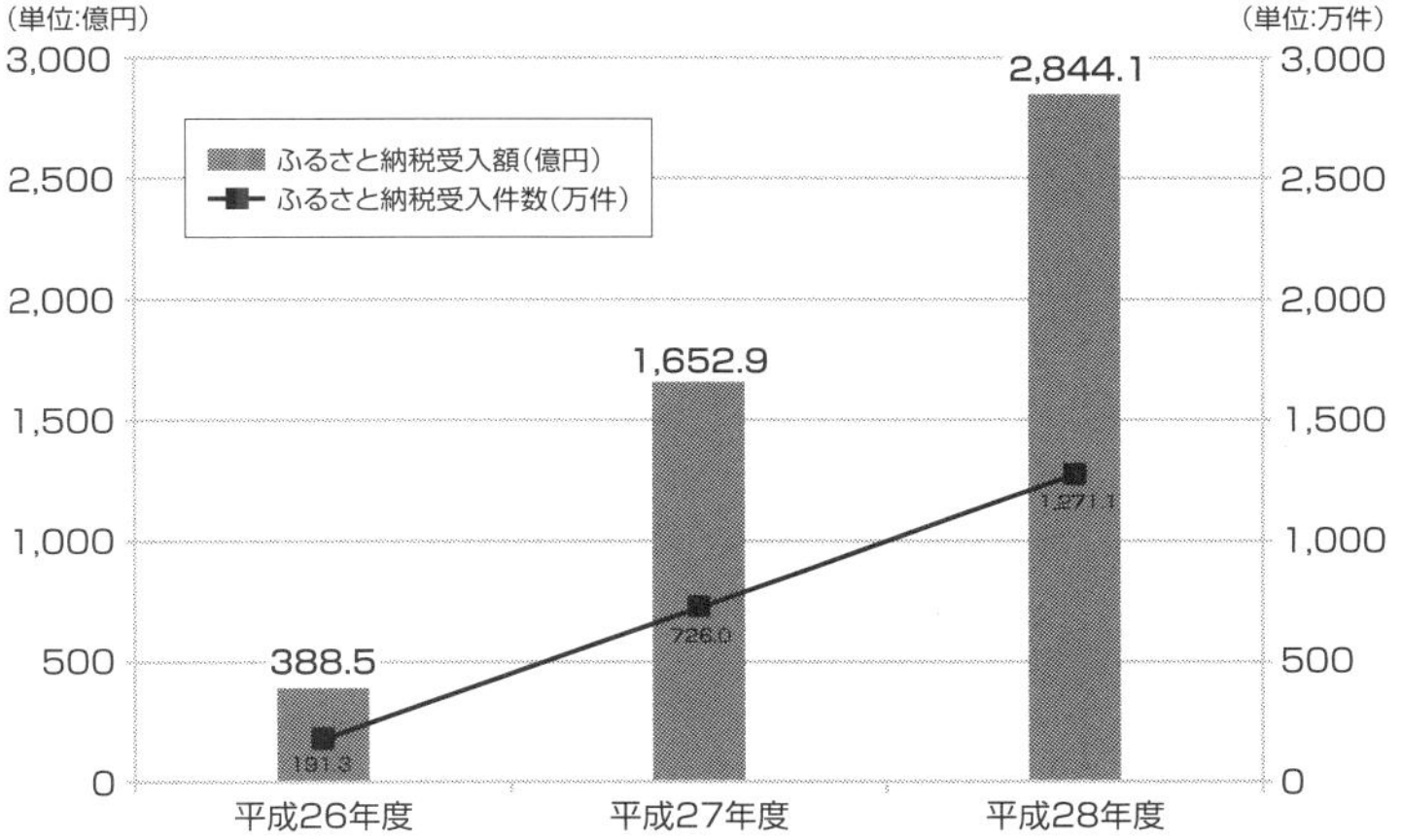

（単位:千円、件）

	平成26年度	平成27年度	平成28年度
受入額	38,852,167	165,291,021 (28,674,022)	284,408,875 (50,123,497)
受入件数	1,912,922	7,260,093 (1,476,697)	12,710,780 (2,566,587)

※全地方団体（都道府県及び市区町村）を対象に調査を実施。
※受入額及び受入件数については、各地方団体で「ふるさと納税」と整理しているもの（法人からの寄附を含む地方団体もあり）。
※平成23年東北地方太平洋沖地震に係る義援金等については、含まれないものもある。
※「平成27年度」及び「平成28年度」の欄のうち、()内の数値はふるさと納税ワンストップ特例制度の利用実績（把握している限りのデータを回答している地方団体もあり）。

出所:自治税務局市町村税課:ふるさと納税に関する現況調査結果（平成29年7月）より

1,653億円、2016年には2,844億円へと市場が拡大しています。

一国の寄付市場に、この次元で国策としての寄付が貢献している国は日本をおいて他にありません。しかも、後述するように潜在的な利用者全体から考えると未だふるさと納税利用率は低く、発展余地がまだまだあります。

ふるさと納税の描いた理想郷

世界的に見ても稀なふるさと納税制度ですが、その制度の趣旨は何なのか、改めて見てみましょう。創設趣旨は以下の通りです。

ふるさと納税には3つの大きな意義があります。

●第一に、納税者が寄付先を選択する制度であり、選択するからこそ、その使われ方を考えるきっかけとなる制度であること。それは、税に対する意識が高まり、納税の大切さを自分ごととしてとらえる貴重な機会となります。
●第二に、生まれ故郷はもちろん、お世話になった地域に、これから応援したい地域へも力になれる制度であること。
●第三に、自治体が国民に取組をアピールすることでふるさと納税を呼びかけ、自治体間の競争が進むこと。それは、選んでもらうに相応しい、地域のあり方をあらためて考えるきっかけへとつながります。

そして、ここからが肝心なのですが、自治体と納税者の理想とする姿について続けて言及されています。

さらに、納税者と自治体が、お互いの成長を高める新しい関係を築いていくこと。自治体は納税者の「志」に応えられる施策の向上を。一方で、納税者は地方行政への関心と参加意識を高める。いわば、自治体と納税者の両者が共に高めあう関係です。

私なりに解釈しますと、以下のようになります。

・ふるさと納税制度が描く自治体間の競争と国民へのアピールは、地域を良くするための施策に関して行われるべき
・使途の評価まで考慮して寄付先選定を期待されている
・自治体と納税者の双方の成長によって、自治体は地域のより良いあり方を考え、納税者は地方行政への関心と参加意識をさらに高める、といった相乗効果が生まれるのが理想

「試運転」から「本番」へ

制度趣旨に照らした現状はどうでしょうか？　いま（2018年1月現在）のふるさと納税制度は、巷で言われるように、
・返礼品主導（＝返礼品目的の寄付）

・寄付金の使途が曖昧、あるいは不明

であり、市場が急拡大しつつも制度の趣旨と実態が合致していない、つまり過渡期であるという認識が正しいと思います。

そのような状況で2017年に総務省より重要な通達がいくつかありました。

・還元率の上限を3割とするガイドラインの公表（2017年3月）

・ふるさと納税のさらなる活用について（2017年9月大臣通達）

・使途目的を明確にした上でのふるさと納税制度の利用の推奨（2017年10月）

・ふるさと納税を活用したクラウドファンディングの特設サイトの協力事業者リストの発表（2017年11月）

これらの2017年の動きは、制度趣旨に市場の「質」を合わせていくためになされた調整、と解釈されます。

つまり、還元率（返礼率）の制約をかけることで、各自治体が返礼品で寄付を誘導する動きを弱めます。

また、寄付目的と事業計画を明らかにしてふるさと納税寄付を求めるように推奨することで、寄付目的を考えアピールするという本来の制度趣旨へ立ち返らせる狙いもあるとみられます。

さらに、総務省はこれらの通達等を介して、業界プレイヤー10数社（弊社も含みます）にも、このシフトに足並みを揃えるよう呼びかけているものと受け止めています。

大臣通達を読み解く

2017年9月26日、前月の内閣改造で総務大臣に就任したばかりの野田聖子氏は、「都道府県知事殿（市町村長殿）」に宛てて、『ふるさと納税のさらなる活用について』と題した通達を出しました。

縦書きの筆文字フォント（楷書体）で、「拝啓」に始まり「敬具」で結ぶ手紙のような形式で、率直な思いが綴られています。

「総務大臣就任以来、様々な方からふるさと納税に関する御意見を頂戴し、また、ふるさと納税で得られた資金を活用した地域活性化施策に積極的に取り組む地方団体を訪問し、その取組や効果を現場で拝見してまいりました」という書き出しから、ふるさと納税の裾野を広げつつ、集めた資金を有効に活用するためには、資金の行き先である事業の趣旨や内容、成果をできる限り明確にすることが必要であると導いています。

例えば、人々からの幅広い共感を呼ぶために、文化財の保護・修復や、児童・生徒のための図書の購入、子どもたちへの食事の宅配など、事業の趣旨や内容をわかりやすく示したり、子育て支援などの目的を明確にした基金を条例で設置することで、ふるさと納税を重点的に活用したりする取組も行われている点を「好事例」として挙げています。これはいわゆるクラウドファンディングのことを指しています。

さらに通達から引用すると「同時に、ふるさと納税をした方と継続的なつながりを持つことも重要です。いくつかの地方団体では、ふるさと納税を行った方に、政策への意見募集や行事の案内等を行うほか、ふるさと納税を行った方を招いて交流会を実施するなどの取組が実施されています。こうした取組は、ふるさと納税の裾野の拡大のみならず、まちの交流人口の増加、ひいては将来の移住安定にもつながるものと考えております」として、ふるさと納税を積極的に地域活性化政策に結びつける狙いを明らかにしています。

2017年8月の内閣改造で、総務大臣が高市早苗氏から野田聖子氏に代わって以来、野田大臣は、ふるさと納税に対して明確な問題意識を抱いていたようです。返礼品に主な関心が寄せられるのでなく、もっと、寄付の使い途にフォーカスを置くような取り組みができないだろうかと、さらに考慮を進めていました。

もっとも、都道府県や市町村の政治に総務省が干渉するのは、日本国憲法が定める「地方自治の本旨」（92条）に反するのではないかが問題となります。ただ、このような通達は地方自治法254条の4に定める「技術的な助言及び勧告」にとどまる性格のものと考えられています。地方自治に対して国の助言や勧告があったとしても、それに従うことを法的に強制するものではありません。しかし、実際には通達に従う自治体が多いようです。

今回の総務省通達の趣旨を読み解いていきますと、ふるさと納税は確かに結構なことだけれども、寄付金と品物とを交換して終わりにするのではなく、もっと寄付の行き先や使い途に目が向けられる制度になっていくことを希望する、との内容だといえます。返礼品重視型のふるさと納税であれば、それこそ「金の切れ目が縁の切れ目」となりかねません。寄付者は品物にしか関心が向かないおそれがありますし、その品物を送付した自治体に対しては、返礼品の「売り主」と同程度の認識しか持ち得ないとしても仕方ないでしょう。もっとお得な「取引」ができる自治体が見つかると、すぐにそちらへ鞍替えしてしまうかもしれないのです。

お金の「使い途」を前面に出して、「商品は後ろ」という形を採りふるさと納税の「見せ方」を逆にすることで、返礼品が目当てでない新たな寄付にもつながることでしょう。

本来の地方税（住民税や固定資産税など）は、納税者がその使い途を完全に自治体に委ねています。しかし、そのような「白紙委任」のあり方は国民主権や住民自治といった、近代国家の大原則に沿うものとはいえません。ふるさと納税のように、人々が使い途を指定でき、行政に間接的に参画できる形式の「納税」が増えていくことは、日本国民が主体的に「立国」する第一歩というべきではないでしょうか？

ふるさと納税は、バラマキ批判の回避にとっても望ましい制度だといえます。財政難の地方自治体へ、国は地方交付税交付金を送り込み続け、最近でも「地方創生推進交付金」が新たなバラマキ政策だと批判されています。もちろん、国にも財源に限りがあるわけですから、バラマキと批判されるような政策をせずに済むなら、それに越したことはないわけです。市町村や都道府県も、国に依存しすぎず、必要なお金を自分たちで調達できるようになる。そうなって以降が、真の「地方自治」の始まりなのかもしれません。

―通達で触れられているクラウドファンディング。

それは、不特定多数の人々が事業や組織に財源の提供や協力を行う仕組みです。群衆を意味するCrowd（クラウド）と資金調達を指すFunding（ファンディング）を組み合わせた造語ですが、すでに世界で通用する言葉になっています。

続いて、ふるさと納税を活用したクラウドファンディングとは何でしょうか。本書の副題でもあります「ふるさと納税型クラウドファンディング」は、我々がこのことを指すためにつくった造語です。ここで簡単に定義いたしますと、

・自治体が行う、ふるさと納税のスキームを活用して行うクラウドファンディング

となります。しかし、これでは抽象的なので説明を加えます。

・寄付を集めるのは自治体

・寄付をするのは納税者
・クラウドファンディング同様、寄付プロジェクト一つ一つについて、寄付の目的、募集目標金額、募集期間、使途計画が存在する
・ふるさと納税のスキームと同様に、住民税の移動による寄付の形式をとる
・寄付の御礼（以下、リワード）は寄付プロジェクトごとに自治体が開発設計するケースもあれば、ふるさと納税の還元品をそのままリワードとして用いるケースもある

この10年来のふるさと納税（以下、従来型ふるさと納税）との違いは、以下の2点です。

「プロジェクト設計」
ふるさと納税型クラウドファンディングには、寄付の目的、募集目標金額、募集期間、使途計画が存在する一方、従来型ふるさと納税にはそれらは求められていない。

「リワード設計」
ふるさと納税型クラウドファンディングのリワードはプロジェクトごとのオリジナル開発と地域産品の双方の選択肢があるが、従来型ふるさと納税では地域産品のみ。

つまり従来型ふるさと納税はそれはそれとして、そこにプロジェクト設計とリワード設計の異なる新たなふるさと納税の活用方法が増えたということになります。

パラダイムシフトの渦中

さて、これらの一連の動きを受け、昨年末から、弊社の現場では自治体様からの問い合わせが殺到しています。

・ふるさと納税型クラウドファンディングをどのように準備すればよいか?
・今後、従来型ふるさと納税とふるさと納税型クラウドファンディングのバランスはどのようになるのか?
・自治体にはどのような選択肢があるのか?
・納税者はどのような行動をとるようになるか?
・リワードと還元品をどう設計すべきか?
・自治体は何を変え、何を変えるべきでないのか?

・当面は自治体にどのような実務が求められるのか？

・この変化に企業は何をサポートしてくれるのか？

世界的に稀、巨大、かつ成長市場であるふるさと納税市場。今、その巨大市場が大きく変わっていこうとしています。

第２章

寄付者視点に立脚したマーケティング戦略

何をもって成功とするか

何事も目標設定が大事。目標とは、それを達成した時に成功したと言えるありたい姿。ではふるさと納税型クラウドファンディングの成功とは何でしょう。「募集資金が調達できること」でしょうか？

資金はあくまで計画全体で必要とされる「資源の一部」です。確かに、資金を集めることは課題解決の実現性を高めることにつながります。しかし、お金があれば何でもできるわけではないように、お金が集まることとプロジェクトの成功はイコールではありません。資金プラスαが本当の成功には必要となります。そう捉えますと、ファンディングのプロセスにおいて、プロジェクトを成功させるための「資源」をどれだけ獲得できるか？がファンディングの成功を左右することとなります。

以上を踏まえて、ふるさと納税型クラウドファンディングを再定義しますと、次のようになります。

ふるさと納税型クラウドファンディングの定義

地域の課題を世の中に訴え、寄付者にその課題解決の仮説に共感してもらい、解決のための様々な資源確保に協力してもらうプロセス

資金獲得プラスαを獲得するとは

民間のクラウドファンディングを例に挙げると、自社あるいは自分の実現したいプロジェクトを掲げ、「このような事業計画を成し遂げたい」と計画（調達目標額含む）を提示します。そのファンディングの過程において、例えば、プロジェクトを知った小売店チェーンの幹部が完成後の販売チャネルとして協力を申し出たり、メディアが取り上げることで寄付者数が急激に増えたり、とあるメーカーの社員がより良い解決手段を教えてくれたり、など、資金を超えた応援が集まれば集まるほどファンディングは大きな意味を持ちます。

また、テストマーケティングで潜在的顧客をつかむという利用方法もあります。大企業になるほど資金的には恵まれていますが、それでも近年クラウドファンディングを活用する事例が増えているのは新奇性のあるコンセプトを商品化する際に、企画段階で市場の反応を見ることができるという目的があるからです。テストマーケティング目的でのクラウドファンディングの成功事例の一つは、２０１５年に公開され大きな反響を読んだ劇場アニメ『この世界の片隅に』です。この映画は、戦時下に軍港だった広島県呉市に生きるある女性を主人公として描かれた物語でした。クラウドファンディングにより当初目標額が２，０００万円のところ実際には３，９００万円近くが集まりましたが、その目的の一つはこのストーリーの映画化を待望する潜在的ファンの存在を測るためでした。

ファンドレイジングの３つの成功要因

再定義したふるさと納税型クラウドファンディングについて、プロジェクトの成功要因を分解してみます。

要因1：地域の課題抽出
地域の抱える課題を洗い出したうえで、世に訴えるべき課題を選定すること
要因2：課題解決のオプションの提示
抽出した課題に対して、寄付者から共感されるレベルの解決の仮説を提示すること
要因3：課題解決への巻き込み
当該プロジェクトの組成とプロモーションを通じて、資金だけではなく、応援者、技術、メディアなど、目的実現のための様々な資源を獲得し、プロジェクトの推進に役立てること

ふるさと納税型クラウドファンディングは、まだまだ事例が少数です。むしろこれから1～2年の間に出てくる成功事例や失敗事例が、将来の市場の先行事例として語り継がれ、業界標準を作っていくのだと見ています。その際に、繰り返しになりますが、クラウ

ドファンディングの成功とは資金獲得だけで測られるべきではなく、「地域の課題が世に伝わり、その課題解決のオプションに共感してもらい、課題解決の様々な資源確保に協力してもらうこと」が成せるかどうかが大切なのです。

以降のマーケティングの話は、この再定義に基づいて進めます。

マーケティングが命

クラウドファンディングはマーケティングが全てと言っても過言ではありません。マーケティングの定義は人によりばらつきがあるのですが、ビジネスにおける私なりの定義は「顧客満足度に着目して、企業が顧客に商品・サービスを提供して利益を生み出す仕組みをつくること」です。これを元に、ふるさと納税型クラウドファンディング風に定義し直します。

ふるさと納税型クラウドファンディングのマーケティングの定義

寄付者の満足度に着目して、自治体が寄付者からふるさと納税スキームを用いてプロジェクトへの寄付を受け、計画を実行し、経済効果を生み出す仕組みをつくること

民間かどうかにかかわらず、また組織か個人かによらず、何かを実現するために周囲に訴え実現するプロジェクトはマーケティングと無縁ではありません。本章では、マーケティングの観点から、クラウドファンディングの組成における成功と失敗を分ける要因を見ていきたいと思います。

寄付者の「効用関数」を考える

どんなに大義のあるプロジェクトであっても、それがどれだけ自治体にとって必要不可欠なものであっても、寄付者に「寄付したい」と思ってもらえなくては何も始まりません。

前述の定義における**「寄付者の満足度」**を、我々は以下のように捉えています。

寄付者の満足度 ＝ 共感 ＋ 説得力 ＋ 参加意識 ＋ リワードの価値 − 寄付額

共感を呼べるか

共感とは、プロジェクトで取り上げている課題や問題意識への共感の度合いです。寄付者個人の問題意識や個人的体験から、プロジェクトの社会的必然性がきちんと共感される場合は寄付に結びつきやすくなります。

例えば、より多くの寄付者に共通する題材のプロジェクト（例／一般生活・趣味など多くの寄付者にも関係する案件）については共感される確率は高いです。しかし、あまりに特定の層のみのための自治体本位のプロジェクト（例／公共施設の修繕）は、共感を得ることは難しくなります。

事例はまだまだ僅少ではありますが、ふるさと納税型クラウドファンディングで「こども」「赤ちゃん」「イベント」がキーワードとして用いられるプロジェクトは割合が高いです。しかしながら、達成率は全てが必ずしも高いわけではありません。多くの寄付者に無縁ではないテーマだからといって一概に共感されやすいわけではなく、あくまで複数の要素の合わせ技一本が肝心です。

説得力はあるか

説得力とは、プロジェクトで提示している課題解決プランが、人々にとって腑に落ちるかどうかという納得度合いを指します。実行計画が曖昧なままスタートするように見えるプロジェクトは、寄付者からすると「本当に寄付金は効率的・効果的に使われるのかな？」という疑問を抱かせ、寄付が躊躇されがちです。他方で、計画の実行部隊としてNPOや協会など事業遂行担当が明らかにされているプロジェクトほど、寄付者にとっての納得度合いが高いものです。プロジェクトによって進め方、スケジュール、関係者などまちまちなため一般論となってしまいますが、合理性と実現可能性を訴えられるかどうかが説得力を高めるための必要条件です。

参加意識を与えられるか

参加意識は、寄付者が課題解決の実現に協力できているという実感です。クラウドファンディングの多くで、ソーシャルメディア（例／フェイスブックなど）でプロジェクトのページを設置してプロジェクト進捗を寄付者に報告することで、そこに交流が生まれます。こうした交流を通じて、単なる一過性の寄付行為にとどまらず、寄付者がそのプロセスの一部に参画していると実感できると、満足度は格段に上がります。

ふるさと納税型クラウドファンディングプロジェクトは、複数年にわたって毎年立ち上げる継続性のものも多いと想定されます。よって、初年度のファンには翌年もファンになってもらうよう設計すべきです。参加意識が十分に高まり、翌年度も応援したいと思ってもらえるかどうかは重要な鍵です。

よって、寄付者が参加している実感を持てるプロジェクト（自分が育てている、助けているなど）の設計を心がけましょう。推奨パターンとしては、目先の課題解決の先のストーリーを作り、寄付者が見守り、参加意識を継続したいと思う工夫です。

例えば、自治体内の学校の楽器購入資金を集めたいというプロジェクトがあるとします。その場合には、例えば参加意識を高めるべく「3年後にウイーンのオペラ座で講演を目指す」といった目的へ転換し、長期にわたってサクセスストーリーを支援してもらえるようにするのも手です。

リワードの価値の受け止め方は人によって異なる

リワードの価値は、寄付の見返りとして受けるモノ・サービス・権利等の価値となります。この価値は一人一人の受け止め方が異なる主観的なものであるため、同じ返礼品であっても同じ価値を寄付者が感じるとは限りません。一般的には、限定品（コラボ商材含む）、産地限定、イベントへの特別招待、名前を入れる権利、など当該プロジェクトの寄付者だけに限定された内容になればなるほど、満足度は高まることがわかっています。

また、返礼品はプロジェクトの目的に整合した内容であるほど、喜ばれるものです。例えば弊社が関与した事例では、東京都墨田区のすみだ北斎美術館の建築費用をクラウドファンディングした際、リワード開発を担当して北斎にまつわるグッズを調達し、寄付者へのリワードに充当いたしました。

寄付額は重要な変数

寄付額はどう設定すべきか。課題が決まればおおよそのプロジェクト必要額は決まるかもしれません。しかし、高ければよいというものでもないですし、低ければよいということでもありません。プロジェクトの内容と寄付者の満足度によって理想的な寄付額設定は変わります。

場合によっては、一部は行政の予算で組む、フェーズを分けてプロジェクトがある段階まで進んだら次を集める、分割で集めるなど、寄付額設定の変数は幾つもあります。ただし後述するように超高額（例／1億円超）の目標設定をしているプロジェクトは寄付額が集まりやすい傾向があります。

キープ・イット・オール

一般的なクラウドファンディングでは、調達額が目標に達しなければ全額返金する「オール・オア・ナッシング」と、目標をクリアしなくても、集まった金額を確定的に受け取れる「キープ・イット・オール」の方式があります。

ふるさと納税型クラウドファンディングは、「キープ・イット・オール」を前提としています。そこで、仮に寄付が十分に集まらなかった場合にどうするのかが問題となります。通常は議会で、仮に寄付額が募集目標に届かなかった場合についてもきちんと議論しておき、プロジェクトの遂行に支障をきたすレベルの額しか集まらなかった場合などは新たな予算取りの承認を得る等の措置をとります。目標未達となるプロジェクトの発生確率は決して低くありません。従って目標未達の場合を「万が一の場合」と捉えるのではなく、「一定確率で生じうるシナリオ」として自治体として普段から構えておくことが求められます。

募集期間と寄付額のトレードオフ

寄付を集める募集期間の設定も重要です。募集期間が長いほど集まるように感じるかもしれませんが、長いこと寄付を集めていながらも達成度（目標額に対する計測時点での集まった寄付額の割合）が低いと、寄付はそれ自体がネガティブな情報となり集まりにくくなります。逆に短すぎると、プロジェクトの存在を知らずに見過ごす人が増え、潜在的寄付者を失う機会損失の問題も生じます。

まだまだ黎明期でサンプルは少数ですが、これまでの自治体のファンディング事例からは、寄付額と募集期間については以下のような傾向が判明しています。

●寄付額

・100～400万円の目標プロジェクトが約4分の1ほどある

・100万円以下のプロジェクトはあまり無い
・高額目標のプロジェクトほど寄付単価は高い傾向
・超高額目標となりえるプロジェクトは寄付額が集まりやすい
・寄付単価の最低ラインは5000円以上が多数

●**募集期間**
・90日～180日が圧倒的に多い
・11月、12月開始のプロジェクトの成功率は高い（ふるさと納税のピークと重なるため）
・（参考）一般的なクラウドファンディングでは45日前後の設定が良いと言われる

瞬発力と消化力　――プロモーションの成否を左右する力

さて、寄付者の満足度に着目してプロジェクトの設計が終了したら、次は、そのプロジェクトの存在を広く一般に知らせていくプロモーションに頭を回すこととなります。プロジェクトを掲載するポータルサイトについては後述しますが、プロモーションに共通する重要なポイントをここでは2点強調しておきます。

・一瞬で目を引くこと（瞬発力）
・きちんと理解されること（消化力）

埋もれないための瞬発力

ふるさと納税型クラウドファンディングは、プロジェクトを掲載するポータルサイトの中でプロジェクト間競争が起きます。ふるさと納税においてポータルサイト上で返礼品の数が増えすぎてサイト内競争で多くの返礼品が埋もれたように、ふるさと納税型クラウドファンディングも同様の道を辿ります。そのため、寄付者の関心を瞬時に引くような仕掛けが必要となります。

タイトルが顔になる

どういうタイトルをつけるか。ＣＭで一言のキャッチコピーを作るのに、広告代理店が多くの労力をかけることに似ています。シンプルに見えるキャッチコピーでも、膨大な数の「ボツ」となった死屍累々のキャッチコピーの競争を勝ち抜いたものだったりします。

例えば、地元の花火大会をクラウドファンディングで実現したいとします。その際に「×××花火大会の実現を支援してください」では瞬発力が弱いと思います。代わりに「前例のない史上最大の大尺玉に挑戦！」というように、寄付者が見てみたいという興味をタイトルで引いてはどうでしょうか。ただし、やってはいけないのは、プロジェクト名と実態が異なるプロジェクトです。目を引くことに注力するあまり、見た目だけが先行して中身が伴わないような設計はご法度です。

埋もれないテーマを設定するという逆転の発想も

「日本一の××になる」といった、カテゴリーキラーでのトップを宣言するというやり方も考えられます。

これは先行者優位、すなわち「早い者勝ち」です。例えば、全国に先駆けて「日本一猫に優しい町になる」と宣言して「猫に対するケアにかけてはナンバー1の自治体である」との一般的認知を得ます。

寄付プロジェクトも、その「日本一」という大きな旗印と整合したものにします。そうすることで、その後に続く様々なプロジェクトや自治体内の産品移出・観光業等といった周辺分野のバックアップを作りやりやすくするといったものです。すなわち、地域の問題からプロジェクトを設計するのではなく、「こうありたい」という自治体の将来の理想像を思い描き、そこから逆算してプロジェクトを生み出す流れとなります。

短時間での消化力

きちんと理解されること。興味を抱いた潜在的な寄付者に、そのプロジェクトの課題、解決方法をわかってもらう必要があります。とはいえポータルサイト上で事業計画を詳細に読み込むことを期待するのは現実的ではありません。仮に全ての情報を載せても、そこまで時間をかけて読んでくれる方もほとんどいないと想定されます。よって、短時間でリッチな情報が目から入るように設計します。

共感性、必然性、合理性、実行可能性の消化

共感性（課題に共感する）、必然性（いま解決に取り組む必要がある）、合理性（解決する手段が合理的である）、実行可能性（解決ができそうである）、が寄付者目線で伝わるように心がけることが重要です。

ありがちなものは、世界遺産系プロジェクトのごり押しです。

世界遺産や文化遺産など、確かに保存する価値が高いことは一般論としては理解できますが、「なぜふるさと納税型のクラウドファンディングでやらなくてはいけないのか?」と問われた時に右記の観点が抜けて落ちていると寄付者側からは消化不良になります。

せっかく、世界遺産などに認定されるような素晴らしいコンテンツに恵まれているなら、なおさら共感性から実行可能性まで丁寧に織り込み、寄付者目線で「ぜひ協力したい」と思うようなプロモーションに昇華すべきです。

動画とソーシャルメディアは消化手段として抜群に優れている

目で見て伝わる手段として、映像によるダイジェストサマリーは強く推奨いたします。海外のクラウドファンディングの事例でも、プロジェクトオーナーが顔を出して、解決したい問題を整理して編集した映像が用意されていると、人々のプロジェクト消化力が格段に引き上がることがわかっています。映像があるかないかで、集まる金額には何倍もの開きがあるのが常です。

後述しますが、弊グループではメディア事業を有しており、そのメンバーは、生まれてから寄付文化に触れて育ってきた欧米系のメンバーたちです。彼らは地域や課題を真っさらな目で捉え、課題を一緒に理解し、寄付者目線からプロジェクトの最も効果的な訴え方を提案します。

多くの人に伝えるという点では、ソーシャルメディア（YouTube、フェイスブック、インスタグラムなど）の力は絶大です。クラウドファンディングはソーシャルメディアとの親和性は非常に高く、その拡散力も高いです。寄付のポータルサイトからも離れたところで動画がシェアされ、それが新しい寄付者の獲得へと繋がっていく、そのような波及効果まで狙ってプロモーションを設計されることをお勧めします。

ポータルサイトの選び方

複数のポータルサイトが存在する場合には、どこに掲載すべきか迷うかもしれません。当たり前といえば当たり前なのですが、左記にあるようなチェックポイントに従ってポータルサイトを選定すべきではないでしょうか。

・プロジェクトは多くの潜在的寄付者の目にとまりそうか
・寄付プロジェクトを正しく世に伝えてくれるメディアであるか
・掲載だけの手抜きのプロモーションではなく、思いに真摯に対応してくれるか
・リワードの設計まで協力できる体制があるか
・自治体に足を運んでくれるか

誰が指揮者になるか

ふるさと納税の寄付を集めるプラットフォームは、各役所や役場の財政課やそれに類する部署が持っています。ただし、財政課が寄付金を集めることができても「解決すべき課題」を持っているかどうかは別の問題です。

往々にして、むしろ他の課が切実な課題を抱いており、その課題をプロジェクト化するニーズを持っています。しかし、いわゆる「縦割り行政」が、その相互連絡を阻害しているケースが散見されます。

ふるさと納税型クラウドファンディングの未来を託すべきなのは、縦割り行政の弊害の

影響を受けない部署です。たとえば「シティプロモーション課」や「企画財政課」など、役所全体が抱える問題を踏まえて横断的な決定ができる部署に、あるいは、首長直轄の部署が音頭を取るべきでしょう。

実行部隊を確保しよう

資金が確保できた前提で、計画実現を左右するのは実行部隊の有無です。ふるさと納税を集める役所・役場とは別に、プロジェクトの実行部隊が控えていることも、成功の鍵を握ります。

資金調達の窓口としては、社会的信頼の面で、役所や役場が最もふさわしいといえます。その「ふるさと」を応援したくて皆が寄付しているからです。ただ、プロジェクトの具体的な実現に関しては、必ずしも役所が役場の職員が適任だとも限りません。ただ単にお金だけ集まっても、お金を使って理想を具体化するチームがいなければ、そのふるさと納税は「机上の空論」になってしまいます。

自治体のクラウドファンディングでの成功事例に多いのが、「自治体がオーナー」で「実行部隊がＮＰＯや宗教団体（教会など）」という組み合わせで進んでいる場合です。それぞれの得意分野を活かして、役割分担が明確なクラウドファンディングは、円滑に進行していく傾向にあります。

たとえば、東京都文京区は、ふるさと納税の寄付目的として「こども宅食」というプロジェクトを提示しました。こども宅食とは、経済的に困窮している家庭環境に置かれている子どもたちとその家族に、食料品を定期的に届ける事業です。そして、食料品を届ける接点を通じて、日本の現代的貧困問題にくさびを打ち込む新しいセーフティネットをつくることを目指しているのです。こども宅食事業については、文京区がふるさと納税の寄付受け入れ窓口となり、認定ＮＰＯ法人フローレンスが、こども宅食の実行部隊として前線で活動するなど、役所との役割分担を明確にしています。

前身となるいくつかの事例

さて、まだ少数ではありますが、ここでは、ふるさと納税型クラウドファンディングの前身と言える事例をピックアップしてみました。

返礼品を重視しない体験型返礼品に初めて取り組んだのは、2013年の鎌倉市（神奈川）でした。新たな観光案内板を10箇所に設置するプロジェクトにふるさと納税のしくみで資金調達を行い、成功を収めました。それ以降、漫画作品などとコラボしたユニークな観光案内板の制作や設置に必要な資金を、たびたびクラウドファンディング形式で募る取り組みを行っています。

大阪市は、ふるさと納税による寄付で、大坂冬の陣「真田丸」の模型をつくると発表。寄付が集まるほど、模型の品質や大きさがグレードアップすると告知しました。

弘前市（青森）では、弘前城の石垣改修プロジェクトを「石垣普請応援コース」と題して寄付を募ったところ、2016年度には7，000万円（前年比の3・8倍）を集めました。2017年には「弘前公園のさくらオーナー」証を贈りました。

大阪府は、岡本太郎作「太陽の塔」の修復費用の調達に、ふるさと納税を利用しました。2018年3月の内部公開の先行予約券を返礼品としました。

埼玉県や神奈川県は、県立高校で足りない備品や校舎の修復費用などをふるさと納税で調達。「あえて返礼品を用意せず、愛校心に訴える」ことで調達に成功しました。

庄原市・三原市・江田島市（広島）は、「ひろしまさとやま未来博2017」の一環で、廃校舎を住民の交流スペースにし、返礼として下駄箱に寄付者の氏名を記すクラウドファンディングを実施。527人から総計で3,847万円を集めました。

以前から「写真の町」を標榜してきた東川町（北海道）は、クラウドファンディングを「ひがしかわ株主制度」と位置づけて、「株主総会」を召集する格好で、今後の町づくりを話し合う場を設けました。道外から来る寄付者には、航空運賃も助成しました。

立川市（東京）は、ホビー会社の壽屋が独自にリリースしたロボットプラモデル『フレームアームズ・ガール』のアニメ化に際して、ふるさと納税の返礼品として、その先行上映視聴権を提供しました。

高崎市（群馬）では、ヤマダ電機陸上部や、野球独立リーグの群馬ダイヤモンドペガサス、群馬交響楽団など、市内で活躍するチームへ自由に支援を決められる権利を、ふるさと納税の返礼品としました。

文京区（東京）では、ＮＰＯ法人「フローレンス」を実行部隊として、子どものいる生活困窮家庭に米などの食料品を届ける「子ども宅食プロジェクト」への参加権を返礼品として提供。２，０００万円以上を集めました。もともと文京区ではふるさと納税の影響で10億円の税収減に見舞われていました。

東京都中央区は、ふるさと納税の影響で、2年間で14億円の税収減に見舞われました。区外から勤めに来る「昼間区民」が人口の4倍以上にあたる60万人に達する特殊性があるため、そんな彼らに向けて「子ども育成」「文化スポーツ振興」「銀座・日本橋のまちづくり」などの取り組みに対し、ふるさと納税を募っています。

北朝鮮籍の漁船による違法操業問題などで、漁獲高に直接の被害が出た能登市（石川）

や酒田市（山形）のイカ釣り漁師を支援するため、「船凍するめいか」を返礼品としたふるさと納税を実施、少なくとも800万円の寄付を集めています。

弥生時代の「邪馬台国」の有力候補地である桜井市（奈良）の纏向遺跡（まきむくいせき）で、草原の中に大型建造物の柱の跡が見つかりました。その柱の跡に丸太62本を打ちつけて、文化財として保全するための整備費を、クラウドファンディングで募る取り組みも行われています。

日本人の寄付者の現在地

寄付者の成熟度・洗練度に応じてマーケティング戦略は変わっていきます。この点、欧米は寄付文化が進んでいると言われますが、現在の日本の寄付者の現在地はどのあたりなのでしょうか？

「日本には欧米のような寄付文化がない」と言われることがあります。

この差の背景にはキリスト教文化圏の教義があるでしょうし、貧富の差が相対的に激しいという面もあるでしょうし、現実的には寄付金支出に対する税金控除のシステムが異なるという面もあるでしょう。

しかし、そもそも日本人は寄付しないものなのでしょうか？　私は全くそんなことはないと思っています。寄付体験の経験値の問題と捉えています。本章の冒頭で述べた寄付者の満足度の図式。あの図式に従った経験が積まれていけば、より多くの日本人が寄付リピーターに転化していく流れが生まれてくると思っています。今は寄付体験の経験値を積み始めたステージにいるのだと思います。

寄付経験の蓄積という側面からのふるさと納税を評価する

従来型のふるさと納税制度は、寄付行為を実質的に負担なく試しにやってみるという制度として、大きな革命であったと評価しています。確かに返礼品競争があまりに加熱すると制度趣旨から離れていく問題はあります。一方で、寄付文化の「インフラ」が欧米とそもそも異なるわけです。宗教・文化・社会の差が異なるところに欧米的寄付文化を無理やり移植しようとしても芽は育ちません。そう考えると、いまは形はともかくとして、まず寄付体験の経験値を多くの日本人に積んでもらう段階とも解釈できます。

日本的発展プロセスの過渡期

現に次のステージは到来しています。実質的に負担なく、しかし寄付目的を評価して寄付行動が生じる社会へと徐々にレベルを上げようとしています。日本独自の発展プロセスを経て、寄付者も自治体もお互いに成長していくステージはどんどん前進しています。

この日本的発展プロセスの先には成熟した寄付社会があり、寄付者も自治体も寄付目的に主眼を置いて行動するのが当たり前になる日が到来すると思っています。しばらくは大義がいくらあっても、思うように寄付も協力も集まらないかもしれません。共感や納得性の低いプロジェクトがポータルサイトに並んでしまうかもしれません。しかしその段階を経ないで高次元への近道をいくことはできません。

一つ一つのプロジェクトの先に次の社会の姿を描き、私どもは寄付者と自治体と共に、悩みながら、汗をかきながら、より多くの方が寄付体験を積んでいくお手伝いをしていきたいと願っています。

第３章

ふるさと納税型寄付市場の未来予想図

6タイプの登場人物

本章では、業界の現在地を出発点として、潮流を読みながら、今後業界がどのようになるのか占いたいと思います。

ふるさと納税型寄付市場には、大きく分けて6タイプの主役がいます。

（1）寄付者
（2）自治体
（3）地域住民
（4）返礼品の生産者
（5）企業（ポータルサイト）
（6）国

ここで、予測の出発点となる各主役の立ち位置と現状を、簡潔に整理してみます。

（1）寄付者

・返礼品アピールが中心となるネット広告やCMを通じて、ふるさと納税を認知する
・企業のふるさと納税ポータルサイトの設計上、返礼品目的の検索行動をとる
・潜在的寄付者のふるさと納税の認知度は90パーセント以上、しかし未だ80パーセント超がふるさと納税を利用していないと言われる

（2）自治体

・集まる寄付額と返礼品の魅力には相関がある
・ふるさと納税のオペレーションを自前化する自治体が増えてきた
・複数のポータルサイトを併用する傾向
・新たなクラウドファンディングへ向けてどのように取り組んでいいかわからない自治体が多数

（3）地域住民

・自治体が自前で出来ることは企業に頼らず進めてほしい

（4）返礼品の生産者

・返礼品の選定業者となることで潤っている生産者があちこちに生まれている

・ふるさと納税の返礼品の提供者を自治体が公募するプロセスを知らない生産者が多い

（5）企業（ポータルサイト）

・返礼品で訪問者の検索を誘導するデザイン

・資金力に基づくマス広告合戦

（6）国

・還元率の上限のガイドライン設定

・クラウドファンディング推奨の通達

全体の構図としては、多くの自治体で寄付額獲得が主目的となっていることに加え、自治体の変数が「返礼品の選定」に絞られ、選定された地域産品を（自治体を、ではなく）いかに多くの人の目に触れさせるかで競争している状況となっています。

このような構図の中で、変化を先行して主導しているのが国というわけですが、今後の各「主役」はどのように変わっていくでしょうか？

短期的には、自治体と企業の動きが付随して変わっていくと想定しているため、この両者の行動パターンについて考察してみます。

ふるさと納税とクラウドファンディングの間の「支点」

いま現実に、ふるさと納税によって寄付を集めている自治体からすると、準備においても執行においてもハードルが格段に上がるクラウドファンディング側にある日突然に全面的移行をすることは困難かと思います。当面は従来型のふるさと納税を続けながら、どこまでいま受けている寄付をどこまで減らさずにふるさと納税型クラウドファンディングに順応していけるかが問われます。

加えて、新しい制度への移行それだけを切り出しても、弊社への多くの問い合わせからは、未だ手探りの状態にある自治体が多いことがわかっています。自治体へ突きつけられている意思決定は「ふるさと納税とクラウドファンディングのバランス」であり、それは寄付額の獲得可能性、事業計画の策定および実行能力の実現性、理想の追求度合い、に応じて、すなわち自治体のリソースと意思によって色々な選択肢がありうることを意味しています。

リワードの意思決定

また、クラウドファンディングへのスタンスを測る指標として、寄付者へのリワードに何を充てるかという点も興味深いです。２０１８年1月現在、先行してクラウドファンディングを実施している自治体を分析してみますと、寄付者に贈られるリワードについて、寄付プロジェクトのために独自に用意したリワードを開発・返礼しているケースとふるさと納税でも用いている返礼品を送っているケースは半々といったところです。

すでに実施されている自治体は、クラウドファンディングに意欲的な自治体だと推測されますが、それでもリワードは真っ二つに割れている状況です。実質的にクラウドファンディング元年となる２０１８年は「まずはふるさと納税の返礼品でリワードを代用しよう」という自治体の割合が全体としては高くなると予想されます。

自治体の４つの行動類型

今後の自治体のとるスタンスは「寄付獲得のスタンス（ふるさと納税とクラウドファンディングのバランス）」と「リワード設計」から大きく４パターンに分類されると考えられます。

タイプ１／テストマーケティング型
タイプ２／ゼロベース型
タイプ３／マルチチャネル型
タイプ４／サブブランディング型

●タイプ1／テストマーケティング型

クラウドファンディングを最小限のレベルでやってみるというタイプです。プロジェクト数で言えば一つか二つ、リワードはふるさと納税で用いている返礼品を活用するイメージです。

通達の趣旨を全く無視することはありえない、しかし先例があまりないクラウドファンディングに思いっきり方向転換するのも……と考える自治体の多くはこのオプションを選択すると予想されます。現場をまわっていますと、感覚的には7割の自治体はこのタイプ1でまず初年度を迎えるようです。

実験から学習を繰り返し、今後の行動に活かしていくのは、一つの現実的な選択だと思います。テストマーケティングを実施するということであれば、連携するポータルサイトの選定が重要な意味を持ってきます。寄付者の反応、事業計画策定上の課題、オペレーション上の課題等について学習ができるためには、寄付者にきちんと訴えてその反応を見ることができ、事業計画とオペレーション上の現実的なテストができるようでないと意味がありません。

このタイプであまりに返礼品が主役になりすぎてしまうと、寄付者が何のためにそのプロジェクトに寄付したのか解りにくくなる恐れがあります。寄付者を集めるポータルサイトと真剣に連携し、寄付者が物を選んだのか本当に寄付目的を選んだのか判別できるようにすべきです。

仮に短期的にはそれで当座をしのぐとしても、後半で述べるクラウドファンディングの本格的な時代の到来に備えるためには、早い段階でこのオプションは脱却しなくてはなりません。その頃には多くの自治体がクラウドファンディングのプロモーション、事業計画策定、執行手段とリソースの確保、リワードの設計・開発等においてノウハウと経験を積み、ポータルサイト内での「寄付目的」での検索競争の競争力もつけていると予想されます。

従いまして、最も楽なタイプではありますが、時限的なオプションなのだと認識されるのが無難かと思います。

●タイプ2／ゼロベース型

クラウドファンディングに特化するタイプです。

従来型のふるさと納税についてはほとんど力を入れていないタイプとも言えます。

ふるさと納税が返礼品主導になっていること、あるいは自治体間の競争が目的なき寄付獲得競争になっていること、に嫌悪を示している自治体は少なくありません。また都市圏の自治体は返礼品候補が少ないことから、従来型のふるさと納税に積極的に参加していません。これらの自治体はこのゼロベース型に含まれます。

本来あるべき姿に寄付市場が変わっていく変化を受けて、クラウドファンディングを主軸に、本格的なふるさと納税スキームに新規参入する自治体もあります。こうした自治体は、そもそもこれまでふるさと納税の経験を積んでいません。真っ白なキャンバスに絵を描き始めるように、クラウドファンディングを寄付活動の中心に据え、かつ、リワードは寄付プロジェクトに整合した形で作り、フレッシュスタートを切ることになるでしょう。

何が寄付の動機になるかは人それぞれです。そして、弊社の調査では、決して少なくない割合の人が、現行のふるさと納税における大義の不在にどこか引っかかっていて、制度を利用しない、あるいは、上限額までの寄付に消極的であることがわかっています。

この話は弊社が上場している台湾のメディアや政府関係者投資家たちに話すと驚かれ、「台湾で同様の制度があったら、制度開始2～3年目には国民全員に浸透しているような制度だ。税額控除のメリットがあって地域産品ももらえる。やらない理由が思いつかない」

「それでも浸透率が日本ではまだまだということは、国民性の違いが原因。推測するに、日本人は寄付行為の意義というものを心のどこかで気にするのだろう」と言われました。私も同感でして、よって、ゼロベース型の自治体の中から、プロジェクトの目的で世の中の多くの共感を呼び、返礼品主導の自治体の寄付獲得額をはるかに凌駕する「スター自治体」がいくつも出てくると思います。

このパターンの自治体は、従来のふるさと納税制度に力を注いでいないため、ゼロベースでクラウドファンディングに臨むことになります。すなわち、他の自治体がこの10年間でふるさと納税制度を通じて培ったようなノウハウ・経験の蓄積、生産者とのネットワーク構築、プロモーション等に今から着手します。したがって、まずは自治体内でのオペレーションフローの設計と運用に着手することになり、多くの自治体がこれまでにふるさと納税で積み上げてきた資産があることと比較すると周回遅れの状態です。

また、当面は返礼品主導の業界構図が続くことから、手間と努力の割には寄付が集まらないと想定されます。息切れしないように関係者のモチベーションを調整する必要が出てくると予想されます。

以上により、このオプションをとる場合には、実績と経験があり、かつ、クラウドファンディングに真剣なポータルサイトと組み、早目に周回遅れを挽回するのが賢明かと思います。

●タイプ3／マルチチャネル型

今ある返礼品を主軸に、従来型のふるさと納税は引き続き返礼品アピールで、クラウドファンディングは寄付目的アピールで、寄付者のどこかの琴線に響くように狙っていくタイプです。

ふるさと納税の返礼品がキラーコンテンツ化している、あるいはふるさと納税における知名度の高い自治体に向いているオプションであると思います。

今までと同じ返礼品を用いつつも、寄付目的を設定して前面に出すプロジェクトがある場合に（それがきちんと理解され、十分な層に届く前提ですが）寄付者層を新たに拓ける可能性は高いと思います。

中長期的な課題としては、特定の返礼品に寄付が左右されてしまう状態からの脱却です。返礼品の魅力が主な寄付獲得の要因になってしまう場合、類似返礼品が他の自治体で生まれる、ポータルサイト上のカテゴリー内競争で検索順位が下がる、あるいは生産者に生産・供給の重大な障害が生じるなど、前提が覆る事態に陥ると凋落する恐れがあります。

ふるさと納税型クラウドファンディングは、本来は目的達成の効果、地域経済への波及効果、他の自治体のロールモデルとなることで日本全体をより良くする影響、など当然といえば当然ですが公益のために立ち上がり、応援を受けるものです。特定の返礼品に寄付が左右されてしまうというのは本来はおかしな話です。

したがって、返礼品の魅力は寄付獲得の一要素に過ぎない、と言い切るだけの総合力を、中長期的には試行錯誤しながら身につけていくことが必要です。キラーコンテンツを持っている時点で有利なスタートを切れるわけですので、そのような恵まれた自治体こそクラウドファンディングにおいても「ウサギとカメ」の童話のウサギにならないような心構えが求められるのではないでしょうか。

●タイプ4／サブブランディング型

ふるさと納税は返礼品主導で、クラウドファンディングはリワードを別途開発して、それぞれ全力でやるというタイプです。

ふるさと納税の返礼品よりももっと国民の心をとらえるような課題が複数存在し、かつ、自治体の事業計画の策定能力が高い場合はこのタイプが向いています。また、寄付がきちんと集まるならば返礼品主導のスタンスをやめたい、という自治体も経過オプションとして適合すると思います。

従来のふるさと納税でそこまでの寄付額が集まっていない自治体は、いくつものプロジェクトの成功と失敗から学習を積んでいくことで、モノに頼らない寄付獲得の手法を身につけ、頭一つ抜ける可能性を秘めています。

返礼品競争の場合には返礼品＝地域産品という先天的制約が生じるのに対して（一部例外はありますが）、クラウドファンディングは目的のユニークさ、意義、想定される経済効果で寄付者が動きます。

つまり、観察眼とアイディアとマーケティングの勝負であり、先天的制約に縛られない創意工夫の競争であるといえるでしょう。その土壌が整ったと判断したら、サブブランディング型からゼロベース型へ移行するのもよいと思います。

このタイプにおける課題は、資源の確保です。それぞれに全力で張ることは決して簡単ではありません。そのため、ポータルサイトとの連携と外注管理が肝になります。

どのポータルサイトが従来型のふるさと納税もふるさと納税型クラウドファンディングも真摯に手伝ってくれるのか。複数ポータルサイトを無秩序に併用すると何もかもが中途半端になる危険性があるため、よくよく提携する企業を選定すべきです。

今後の自治体のとるスタンスを大きく4パターンに分類

タイプ1／テストマーケティング型

タイプ2／ゼロベース型

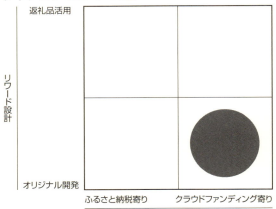

タイプ別マトリックス

タイプ 3 ／マルチチャネル型

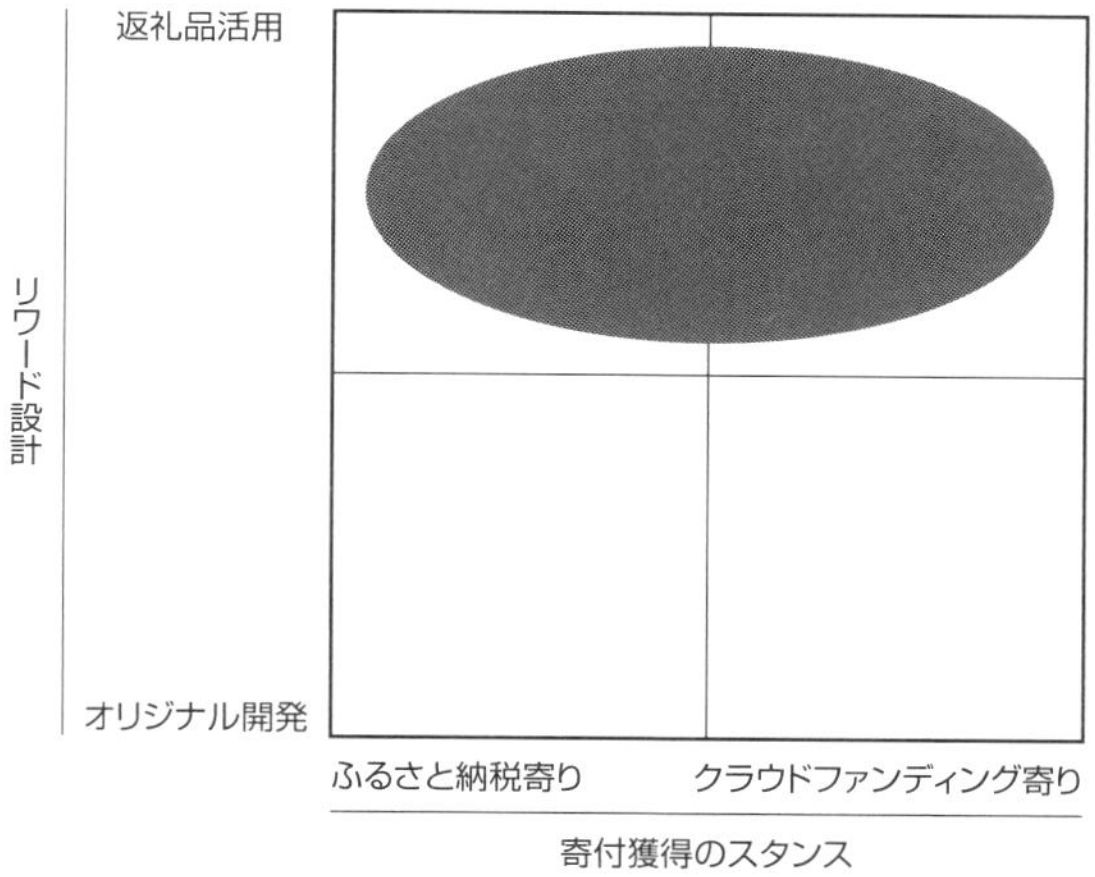

タイプ 4 ／サブブランディング型

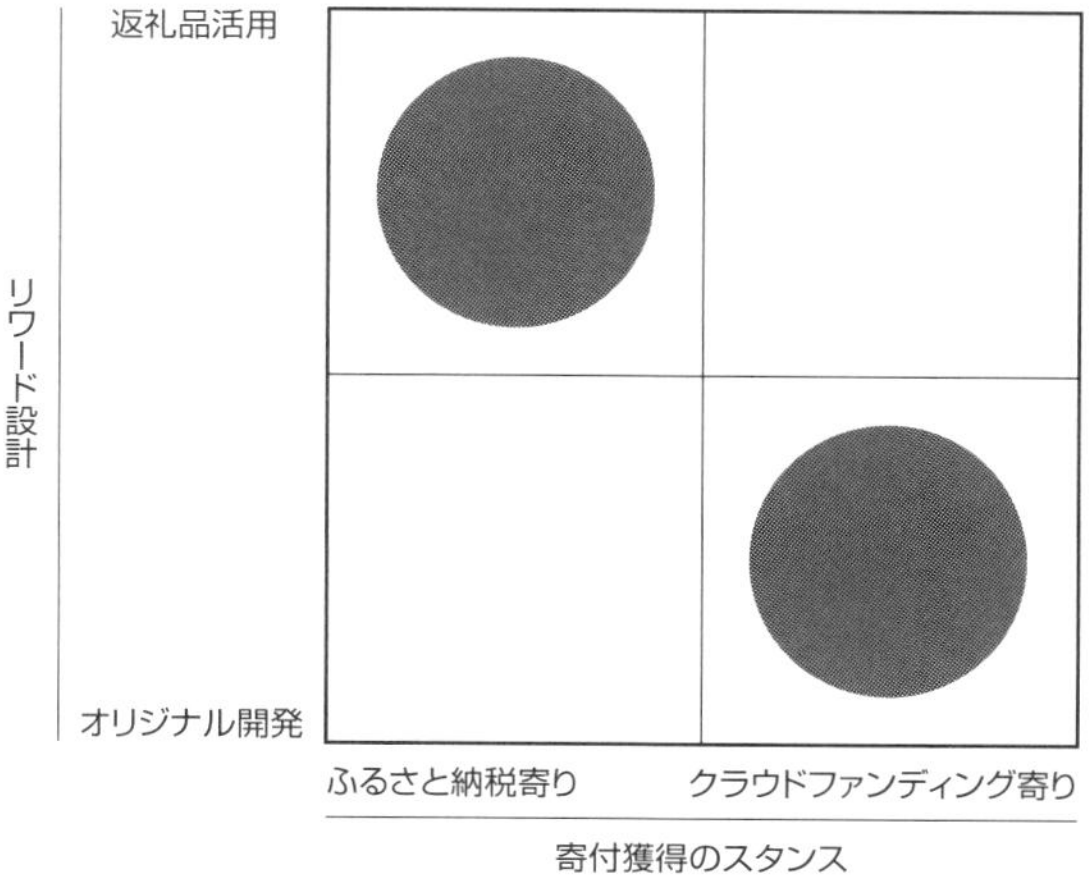

企業（ポータルサイト）の3類型

今度は企業にフォーカスを当てたいと思います。

2017年11月以降に総務省が提示した協力事業者の一覧を見てみます。

この15指定業者の内訳を分類すると、3つに区分できます。

タイプ1／クラウドファンディングに意欲的なふるさと納税系プレイヤー
タイプ2／クラウドファンディングに様子見のふるさと納税系プレイヤー
タイプ3／民間クラウドファンディング出身のプレイヤー

企業のスタンスが短期間で変わる可能性もあるので具体的分類は伏せますが、同業他社の情報が入ってくる我々からするとこのような色分けをしています。

「タイプ1／クラウドファンディングに意欲的なふるさと納税系プレイヤー」は従来のふるさと納税制度のインフラを活用して、クラウドファンディング分野へ参入するタイプの事業者です。

「ふるさと起業家支援プロジェクト」及び「ふるさと移住交流促進プロジェクト」協力事業者一覧

社名	URL
レッドホースコーポレーション株式会社	ふるさと納税　https//www.funmaru.jp/ 会社HP http://www.redforse-corp.co.jp/ ふるまるクラウドファンディング https://www.furumaru.jp/gcf/
株式会社朝日新聞社	https://a-port.asahi.com/
株式会社サイネックス	http://www.scinex.co.jp/
READYFOR株式会社	https://readyfor.jp/furusato/
株式会社CAMPFIRE	https://camp-fire.jp/
株式会社JTB西日本	https://furu-po.com/
株式会社LIFULL Social Funding	httpa://japangiving.jp/
株式会社アイモバイル	https://furunavi.jp/
株式会社サーチフィールド	https://fbyg.jp/
株式会社さとふる	https://www.satofull.jp/
株式会社トラストバンク	https://furusato-tax.jp/gcf/
株式会社ワンモア	https://greenfunding.jp/
きびだんご株式会社	https://kibidango.com
山口ソーシャルファイナンス株式会社	https://www.kaika-cf.jp
楽天株式会社	https://event.rakuten.co.jp/furusato/

2018年2月現在

「タイプ2／クラウドファンディングに様子見のふるさと納税系プレイヤー」は従来通りの狭義のふるさと納税制度を展開していく事業者です。

「タイプ3／民間クラウドファンディング出身プレイヤー」は、それまで蓄積してきたクラウドファンディングの事業経験に、ふるさと納税のインフラを取り入れて活かす事業者です。

ふるさと納税のインフラと長年の実績を持ち、かつ前述のクラウドファンディングの成功要因すべての実現を手伝っている会社は2018年1月現在存在しておりません。タイプ1～4に自治体が分かれて試行錯誤を繰り返しながら各々の道を見つけるのと同様、企業も試行錯誤を繰り返す流れが当面続きます。

寄付者は分化していく

このように自治体と企業の行動パターンに多様性が生まれることで、寄付者についても同様に、寄付目的にフォーカスして寄付をする層が早晩拡大していくと予測しています。

「タイプ2／ゼロベース型」で述べたように、大義や寄付の目的を重視するがゆえに、従来のふるさと納税制度の利用を躊躇している層は決して少なくないです。選択肢が増えることで、寄付主導の時代の到来とともに初めてふるさと納税を経験する層が生まれたり、寄付目的に沿った寄付へと鞍替えする層も生まれたり、また寄付目的と還元品目的のハイブリッドの寄付をする層が生まれたり、選択肢の増加とともに寄付者の行動パターンも分化していくと予測しています。

モノとコトのプロモーションの難易度の違い

寄付目的寄りの寄付者と返礼品目的寄りの寄付者のバランスは、企業のマーケティング活動によって大きな影響を受けると考えられます。

返礼品となる肉、魚といった地域産品はどのような価値が得られるか寄付者にとって予測がつくのでプロモーションもそこまで難しくありません。しかし、寄付プロジェクトはリワードや効果に対する期待が人によってまちまちであるので、企業（ポータルサイト）にとってはプロモーションの難易度が跳ね上がります。加えて、どの程度の寄付者が寄付目的のプロジェクトに賛同して寄付するかも未だ読めません。よって、企業の立場からすると費用対効果が悪くなるリスクが高いため、従来型のふるさと納税プレイヤーは「当面は様子見」が多いと想定されます。

中期的には「選択をせまられる」世界へ

これまで見てきた自治体、企業の行動パターンを踏まえ、ふるさと納税型寄付市場の中期（2~3年後）の姿をできる限り予測してみます。

(1) 寄付者

・認知しているポータルサイトが返礼品主導か寄付目的主導かに応じて、寄付行動が大きく異なる
・従来のふるさと納税の利用者に加えて、寄付目的主導の制度が拓く層が生まれている（ため全体市場は拡大する）
・返礼品目的と寄付目的の層が混在、あるいは個々の寄付者の中で両者を使い分ける

動きが生まれている

（2）自治体

・大多数は「タイプ1／テストマーケティング型」を取りつつ寄付目的主導のプロジェクト数を徐々に増やすものの、寄付の6～7割は返礼品主導で入ってくる
・返礼品主導の寄付のためだけでなく、寄付目的主導の寄付の認知度向上のためにも、複数のポータルサイトを併用する

（3）地域住民

・自前で出来ることは企業に頼らず自前でやってほしいが、寄付目的主導についてはは外注に対する理解を示す
・地元を中心として、（寄付の有無にかかわらず）寄付プロジェクト推進の応援に手挙げる人々が増える

（4）返礼品の生産者

・既成品をリワードとして提供する生産者だけでなく、寄付目的に整合した限定品や

特注品を作る生産者も台頭してくる
・選定された生産者の成功事例が広まることで、より多くの生産者が公募するようになる
・現地消費型リワードが増えることで、メーカーだけでなくサービス業も事業者一覧に名を連ねるようになる

（5）企業（ポータルサイト）

・企業の哲学と経済合理性に応じて、ふるさと納税型クラウドファンディングに注力するタイミングと姿勢が明確に分かれる

（6）国

・「寄付文化の醸成」の宣言に従い、クラウドファンディングをさらに推奨する

中期には「選択を迫られる」世界が到来すると予測されます。寄付者も、自治体も、企業も、選択に直面します。大きな流れは国の宣言通りの「寄付文化の醸成」ですが、現実的基盤としての従来型のふるさと納税は依然として大きな存在感を持つと見ています。そして、寄付者は個々の効用関数によって、企業は哲学と経済合理性によって、自治体は大

義と競争によって、それぞれがそれぞれの選択をしていく多様性が同居する時代になるのではないでしょうか。

第４章

理想的な日本型寄付社会を描いてみる

中期の先にある理想的な寄付社会とは……。
本章はあくまで私個人の意見として読んでいただければ幸甚です。

（1）寄付目的主導型市場へ

日本が生み出したふるさと納税は画期的な制度であると思っています。東日本大震災や熊本地震の際に、善意が国中を巡り、その具体的手段としてのふるさと納税制度に注目が集まり、善意が善意で終わらずに行動に変わりました。ふるさと納税市場は、節目節目で、善意と手段の双方が絡み合って成長してきたと言ってもいいと思います。

もちろん、これまでの返礼品中心のふるさと納税にも、一定の社会的意義があったとみるべきです。実質的に、返礼品を提供する特産品のメーカー企業に特需をもたらし、事実上の補助金を投入して、雇用を創出する役割を果たしたと言えるためです。

雇用の創出は、どの地方自治体も長年にわたって懸命に取り組んでいたものの、なかなか解決には至らなかった深刻な課題でした。若年層が流出し続け、自治体内の住民が高齢化していくのを、ただ見守るしかなかった状況です。しかし、ふるさと納税で成果を出すことに成功した一部の自治体は、「雇用の創出」という長年の課題を解決に導きました。この点においては、返礼品型のふるさと納税にはメリットがあったと言えます。

しかし制度の主眼はそれではありません。国策として始まったものであるならば、現在が寄付文化に慣れるステージだと割り切ったとしても、最終的にはやはり国策として制度の創設趣旨に沿う姿に近づくことになると思います。

今の姿が未来永劫にわたって持続可能な構図とは思えません。始動している寄付目的主導へのパラダイムシフトによって、いつの日か、寄付目的主導の寄付文化が基本となり、返礼品主導の文化は過渡期のものであったと歴史を振り返る時期が到来するのではないでしょうか。

(2) 地域産品の国内通販と越境EC

ふるさと納税のおかげで、世に知られていない各地域の名産品が知られるようになったという側面があります。この「ふるさと納税制度は、地域産品のマーケティング活動」という側面は、もっと評価されてよいのではないでしょうか。

弊社は創業以来、世界各地、そして日本中のお土産を販売する事業を展開してきました。そしてふるさと納税の支援をすることで、新たに約4000社の生産者とのネットワークを築くに至っており、世に知られていない、しかし知られるべき価値のある地域産品が多いことに驚かされました。同様に、寄付者にとっても、地域産品を通じて各地域への関心と理解が進んだと思っています。

自治体による地域産品のマーケティングとしてのふるさと納税制度という面がより活用されると、ふるさと納税で知名度の上がった地域産品が一般的なEコマースや通販でも販売され、顧客層が全国レベルに広がり、地域経済がさらに豊かになる可能性を秘めています。一部のポータルサイトでも取り組みがなされていますが、弊社も国内の食品通販カテゴリー第7位（売上高ベース、日本流通産業新聞2017年10月12日）であり、ふるさと納税の返礼品という枠を取り払い、一般流通にまで枠を広げられると、ふるさと納税の副次効果は副次と呼べないほど生産者様に影響をあたえると思っています。

さらに先の段階に移ると、越境ECの可能性が出てきます。つまり、国内リーグを勝ち抜いた地域産品が世界へも顧客層を広げるということです。アジア各国をはじめとして、日本の産品に対するニーズは世界的に高いと言えます。

フランスやイタリアなど、国のブランドが高級ブランド業界や旅行業界の大きな支えとなり、結果として経済に大きく貢献しているように、日本にもそのポテンシャルが大いにあります。決してアニメや最先端の技術に基づく製品だけがクールジャパンを体現しているわけではありません。

我々の日常にあるものが実は諸外国に知られていないだけで、知られることによって国としてのブランドが底上げできるのではないでしょうか。実務的には、越境ECには、国際物流、関税の問題、現地での価格競争力、現地マーケティングなど多くのハードルがあります。しかし、個社単位では解決しにくい課題があったとしても、「日本連合」として力を合わせ、「返礼品発のクールジャパン戦略」があってもいいと私は思っています。

（3）寄付市場の全体最適化

返礼品主導のふるさと納税制度の問題は、個々の自治体の競争の主眼が寄付獲得に置かれるが故に、競争の結果として必要額と実際に集まる額との間にギャップが生まれてしまうところです。ふるさと納税は全体的に見れば、住民税の再配分のプロセスです。ある自治体の課題解決のために必要な額よりその自治体に集まり過ぎてしまったり、逆に足りなかったり、という状態が続くと、全体最適となる予算配分から遠ざかってしまいます。

経済学に「囚人のジレンマ」という概念があり、今起きている事象はまさにこの状態です。「囚人のジレンマ」とは、2者間においてお互いに協力する方が協力しないよりも良い結果になることがわかっていても、協力しない者が利益を得る状況では互いに協力しなくなる、というジレンマです。

各自治体が真に着手すべき地域課題を選び、本当に必要な分だけ調達するのが理想です。しかし、寄付目的や必要額が曖昧でも「市長お任せプラン」に寄付の多くが集まる現状では、まずとにかく集められるだけ集めておこうという行動に帰結するのは自然です。本音では、「集まりすぎた分は他の自治体で必要だった分かも」と思ったりしているかもしれませんが、そこで手を抜くと本当に必要な時に寄付が集まるか不安なので、集められるだけ集めようという心理が働きます。

「囚人のジレンマ」はベストな状態を実現するために、長期的な協力関係を築いた方が長期的にはお互いに得だという理解をさせる、相手の出方次第でどのようにこちらが動くかについてコミットメントを行う、罰則を設ける、といった解決策が一般的には存在します。多数の自治体が存在するために登場人物が多いものの、地域の真の課題、及び、寄付プロジェクトの事業計画を明確にし、かつ、寄付目的主導の市場が返礼品主導の市場に取って代わっていくことで、徐々に必要額と集まる額のギャップが減り、国の一定のモニタリングも入り、全体最適な予算配分へと近づいていくのが理想です。

（4）寄付文化とブロックチェーン技術の融合

巷で噂になっている仮想通貨。

その根幹となるブロックチェーンの技術の特性は、取引記録がデータとして永遠に残ること、また改ざんができないという点です。あまりまだ理解は浸透していませんが、仮想通貨の価値はブロックチェーン技術の価値によるところが大きいです。

仮想通貨絡みの事件が最近いくつかありましたが、全て人の管理の杜撰さ＝人的要因で引き起こされており、ブロックチェーン技術、ウォレットの設計、マルチシグによる認証といった技術的要因から引き起こされたわけではありません。インターネットの登場の時はインターネットが詐欺や虚業かといった不毛な議論がありましたが、要はそれをどのように活用するかが本質的に意味のある議論だったと後で皆気づいたわけです。仮想通貨についても状況が酷似しており、私は仮想通貨の価格のボラティリティにはあまり興味がなく、あくまでブロックチェーン技術の価値を信じ、技術を目的のために利用するだけです。

詳細な説明は割愛しますが、この技術特性は寄付との親和性が極めて高いです。どのように親和性が高いかというと、寄付された仮想通貨がいつ、どのように、誰に渡っていったかなどが、全て透明化され、記録として永遠に残ることです。普遍的な寄付にまつわる課題として、いわゆるエージェンシー問題があります。噛み砕いて言えば「この寄付は本当に当初の目的に沿って、効率的・効果的に使われているのかな?」という情報の非対称性に起因する性悪説が存在するということです。それが寄付行動を躊躇させたり、あるいは寄付を受けた側も効率的に使わない抜け道があったり、と社会的に大きなコストがかかっていることになります。ブロックチェーン技術は、この問題の画期的な解決策になりえます。

ブロックチェーンの技術に裏打ちされた地域通貨が生まれ、ガラス張りの中で寄付者も寄付を受ける自治体も執行する業者も、誰もがその目的と使途にコミットする状態が世の中に広がると、今とはがらりと変わった違った世の中になります。寄付市場も飛躍的に拡大すると思っています、しかも全世界レベルで。

これは絵空事の世界の話ではありません。弊社が協定を締結している佐賀県みやき町では、全国でいち早くブロックチェーンの技術を取り入れた仮想通貨を地域通貨として取り入れるべく、検討が進んでいます。

このような取り組みが日本中に、そして世界中に広がった時、寄付の出し手、受け手、執行に携わる人々、つまりそこに関わる全ての人々がより効率的に行動をとれるようになります。

加えて、寄付の生態系が明らかとなります。そのビッグデータは今世紀中に革命的な寄付文化を作りだすことにつながるとワクワクしています。壮大な寄付文化革命

理想像	内容
(1)寄付目的主導型市場へ	●返礼品主導文化の衰退と寄付目的主導文化の浸透
(2)地域産品の国内通販と越境EC	●地域産品の一般流通の拡大
	●地域産品の越境ECとクールジャパン戦略
(3)寄付市場の全体最適化	●「囚人のジレンマ」からの脱却
	●寄付目的に基づく募集による全体最適化
(4)寄付文化とブロックチェーン技術の融合	●寄付にまつわるエージェンシー問題のブロックチェーン技術による解決
	●日本から世界への寄付文化革命の輸出

を日本から世界へ広げたいという思いで、弊社では日々研究を重ねています。

第５章

レッドホースの挑戦

裏方から表へ

弊社は生産者とのサプライチェーン構築、自社物流倉庫を用いた返礼品物流、納税者向けコールセンター運営、自治体ニーズの聞き取り、とどちらかというと「縁の下の力持ち」の独特のポジションでふるさと納税業界に関与してきました。

契約自治体数は250近くに上り（2018年1月現在）、連携している生産者は4000社に達し、複数のポータルサイトとも共存共栄して連携してきたため、ふるさと納税業界を自治体、生産者、ポータルサイト、寄付者の観点から冷静に見ることのできる存在でもありました。

そしてつい数ヶ月前、このふるさと納税型クラウドファンディングが話題になり始めた頃、我々自身「日本創生」をスローガンに掲げ、自身のポータルサイトを初めて立ち上げ、業界に一石を投じようと行動を開始しました。

また、総務省より、ふるさと納税型クラウドファンディング（ガバメント・クラウドファンディング）特設サイト構築の協力事業者一覧が通達され、従来型のふるさと納税市場のポータルサイト系企業や一般のクラウドファンディングの企業が15社掲載されており、弊社レッドホースコーポレーション株式会社もその1社として名を連ねております。

全方位宣言

我々は全方位でふるさと納税型寄付市場に正対します。そのために2つのブランド展開をします。

一つは寄付プロジェクトで自治体を紹介するブランド（ふるまるクラウドファンディング）。もう一つは返礼品主導のブランド（ふるまる）です。

前述の4タイプのいずれに属する自治体様であっても、弊社は支援することができるように構えます。その上で、各自治体様がタイプを移っていくことについても、柔軟に対応できるようご支援させていただきます。

ふるさと納税型クラウドファンディングのご提供サービス

（1）コンサルテーション
（2）リワード設計
（3）プロモーション
（4）執行支援

（1）コンサルテーション

最初の段階は自治体様が実現したいことのヒアリング・調査、および、マーケティング戦略、から寄付プロジェクトの全体像を策定します。

「要素1／地域の課題抽出」は自治体様がメインで取り組まれる箇所ですが、その上で「要素2／課題解決のオプションの提示」「要素3／課題解決への巻き込み」を設計していきます。

ふるまるクラウドファンディング

寄付プロジェクトから自治体を紹介

https://www.furumaru.jp/gcf/

ふるまる

地域産品から自治体を紹介

https://www.furumaru.jp/

設計に際しては、前述のように**「寄付者の満足度＝共感＋納得＋参加意識＋リワードの価値－寄付額」**を主軸に、効果的な全体像を考えていきます。

実は数々の問い合わせを受ける中で、「要素1／地域の課題抽出」が難しいというお声を多数頂戴しております。「クラウドファンディングの経験をどんどん積んでいきたい。しかし、そもそもどのような地域課題を寄付目的として選んだら良いのだろう?」との悩みをお持ちのようです。ただ、最初は、課題の独自性やインパクトにはこだわらず、全国の自治体に普遍的に共通する課題とその解決手段を試しに手掛けてみるのもいいでしょう。ゆくゆくは自治体様固有の課題からオーダーメイドのプロジェクトが設計されるべきだと思います。

弊社では、自治体様向けに「教育」「災害」「環境保護」「観光」「移住」「空き家対策」等の各分野について優れた執行能力を持つ民間企業のネットワークの構築を進めており、典型課題と事例のデータベース化を進めています。また後述する様に、自前でも観光（訪日インバウンド）、施設受託運営、地域産品の移出・輸出、といったテーマについては執行手段をご提供できます。クラウドファンディングの実験的プロジェクトをお考えの場合には弊社にお声がけいただければと思います。

なお、都市圏の自治体様も対象となります。従来型のふるさと納税制度ですと、都市圏の自治体様にはふるさと納税が集まりにくい構図でした。しかし、クラウドファンディングにおいては都市圏の自治体様であっても当然解決したい課題は山の様に存在していますし、リワードに関してはプロジェクトに応じて自由に設計して作れます。そのため、クラウドファンディングについては、都市圏の自治体様にも積極的にご参加いただければと思います。

複数年度にわたって寄付が必要となるプロジェクトについては、リクエストによっては、初年度のファンが次年度のファンにもなるようにオンラインコミュニティを立ち上げたり、DMやメールによって報告と次回の寄付のお願いをしたり、参加意識を醸成する施策も検討しています。また、資金プラスαの応援を誘発するために、ボランティア募集や来訪イベントの仕掛けを入れることも一つのアイディアです。実務的には試行錯誤となりそうですが、コミュニティには外部の客観的な意見や応援受け入れもできるよう、プロジェクトに寄付していない方も参加できるオープン型のコミュニティが望ましいと考えています。

(2) リワード設計

プロジェクトの返礼品にあたるリワードの設計、生産、調達、物流に関してもご支援可能です。弊社のコアビジネスは世界中、日本中の特産品・お土産を旅客に販売するビジネス、および、法人様のニーズに沿ってギフトやイベントグッズを企画・開発するビジネスです。従来型のふるさと納税事業においても、自治体様と組んでオリジナル返礼品の開発を行ってまいりました。過渡期の現在は、ふるさと納税の返礼品をリワードとして活用することも可能です。プロジェクトごとにリワードを設計することも、返礼品のリワードへの転用も、いずれも対応させていただきます。

(3) プロモーション

●寄付者との接点の強さとボリューム

弊社のふるまるクラウドファンディング、ふるまる、ともに後述する「オフライン方式」のプロモーションに注力しています。これは既存プレイヤーがインターネットやTVCMといったマス広告に注力するのとは真逆でして、異なる潜在的な寄付者へのリーチをとっています。

弊社はマス広告にはあまり注力しておらず、会員を多く抱える企業と提携して会員様にダイレクトに自治体や寄付プロジェクトを認知してもらう、あるいは、企業様からの依頼を受けてその従業員様にセミナーを開催して対面で認知してもらう、そのような顧客接点の強い方式に注力しています。クラウドファンディングプロジェクトはまだ始まったばかりですが、その性質上、TVCMやインターネット広告とは合わないものであり、我々はこの地道な「布教活動」によって全国の自治体の夢と課題を寄付者一人一人にきちんと伝えることを狙っています。

ふるさと納税の知名度が高いのに利用率が未だ10％台と言われている一つには、制度の理解度の低さがあります。その状況下での返礼品頼みのＴＶ広告やネット広告では理解が深まるはずもなく、早晩限界がくると見ております。従って現在ふるさと納税を利用していない潜在的寄付者層を主眼として、地道な活動を、しかし大規模に、着手しております。

●日本在住外国人向けプロモーション

我々が独自にターゲットとしている寄付者に、日本在住の外国人が挙げられます。意外と知られていませんが、２０１8年1月現在、英語・中国語でふるさと納税を利用できるように外国人向けにふるさと納税サービスを行っているのは唯一弊社だけです。

ふるさと納税は住民税を収めている限りは国籍関係なく利用できる制度ですが、総務省のホームページにも外国語によるふるさと納税の説明がなされておらず（２０１８年1月現在）、ふるさと納税の受け皿である各社ポータルサイトも全て日本語だけの運用となっており、日本在住の外国人が制度を知らない、あるいは言語の壁で利用できない、という「実質的な差別」の状態が放置され続けてきました。弊グループはグローバル企業であり、数多くの外国人も働いていることから、日本在住の外国人向けに多言語版のポータルサイトの運営を行う意義を感じ、2017年10月にふるまるの多言語版ポータルサイトをローンチしました。

前述の越境ECの話と絡むのですが、地域産品が世界に本当に通用するかどうかのマーケティングテストにもなりますので、我々は日本に在住する200万人規模の外国人の方々をターゲットに、ご契約自治体様の抱える返礼品をポータルサイト上でプロモーションしています。どのような地域産品に人気が集まるのか、それはなぜか。当該マーケティングテストをふるさと納税のスキームで自治体内の生産者のために実施してみたい、という自治体様は是非弊社にコンタクトいただければと思います。

弊社の多言語版ポータルサイトではライブチャット機能もつけており、外国人からの問い合わせにライブ対応できるようにしてあります。言葉の壁により日本人以上に制度が理解しにくい状況に置かれているため、このライブチャットを分析すると、制度そのものの基礎から理解したいという声を多数頂戴しております。今年から本格化するふるさと納税型クラウドファンディングに関する様々な疑問にダイレクトに回答しながら、ゆくゆくは寄付プロジェクトを1対1で推奨していく、そのような計画を持っております。

●動画とソーシャルメディア

弊グループではメディア事業を展開しており、ふるさと納税で契約した自治体の返礼品だけではなく、その生産者様の苦労や思いなどを伝える動画も作成しております。

2018年1月現在、幾つもの自治体様から、今後のクラウドファンディングプロジェクトについて動画作成のリクエストを頂戴しており、今後はプロジェクトを日本人へ、そして日本在住外国人へ、ときちんと伝えるための動画策定もサービスの一環として提供していきます。

我々が作成する動画はふるまるクラウドファンディングに掲載するだけではありません。弊グループが運営する訪日インバウンドメディア「オディゴ（https://www.odigo.jp）」は、そのユーザー層が日本旅行、日本文化を愛する外国人です。これを活用して、オディゴの各種ソーシャルメディア（例：YouTube、フェイスブック）を通じて全世界に向けてプロジェクトを拡散でき、ゆくゆくは一般寄付も集められるようにします。

例えば、オディゴのフェイスブックページは1年前に立ち上げたばかりですが、2018年1月現在はファンの数は26万人規模へと急成長しており、大きなメディアへと進化しつつあります。ふるさと納税制度は前述のように越境ECの可能性を秘めたマーケティングテストとも弊社は捉えているため、自治体内の生産者様が外国人マーケットへ販

福島県猪苗代町
源泉掛け流し全室客室露天風呂の宿

茨城県大子町

厳選した飼料で磨き抜かれた
優秀な黒毛和牛

福島県猪苗代町
160年以上の歴史を持つ酒蔵

売する可能性をバックアップすることにもつながります。

また、日本人向けにも日本在住外国人向けにも、弊社メディア事業はユーチューバーを始めとするインフルエンサーのネットワークを構築しています。彼らは日本文化、地方の旅行、伝統工芸品などを数多く発信して、大きな発信力を持っています。特に注力して拡散したいプロジェクトの場合には、インフルエンサーを有効に活用することを推奨しています。

(4) 執行支援

特定の領域のプロジェクトであれば、弊グループにて執行手段をご提供可能です。

- **観光（訪日インバウンド）**
- **施設受託運営**
- **地域産品の移出・輸出**

観光（訪日インバウンド）を例にとりますと、前述のオディィゴを運営するグループ会社「レッドホースグローバル株式会社」にて一気通貫のご支援が可能です。訪日インバウンドプロジェクトの財源確保をふるさと納税型クラウドファンディングで行い、プロジェクトの執行についても責任を持って実施する体制が整っております。

同社は、世界各国のメディア業界、旅行業界、インフルエンサー業界などのプロフェッショナルが集結しており、外国人がマジョリティの運営体制となっております。日本の地方の魅力を「外国人の目線」から世界中の日本ファンに届け、地方自治体様の戦略的プロモーション・集客を支援するとともに、訪日外国人受け入れのインフラ整備（例／観光スポット・ルートや交通情報などの多言語情報整備、おもてなし情報ツールの作成）を行います。

創業以来、多くの地方自治体様へサービスをご提供させていただきましたが、その提案過程で以下のような悩みをよく聞きました。

「訪日インバウンド客は急増しており、できることなら我々の自治体でもインバウンド業界の成長の恩恵を受けたい。しかし、うちの自治体の観光資源だと外国人向けプロモーションや集客の効果がいまいち読めないし、また効果測定もしにくい。よって予算を割きづらい」

実際のところプロジェクトの効果は確実にありまして、費用対効果が一対一で見えやすいプロジェクト（例／ホテルのオンライン予約支援、訪日旅行客向け商材のネット販売など）の場合には、弊社のプロモーションで来訪率の桁が一桁変わったり、短期間でプロモーション費用を超える利益が出るほど予約が増えたり、と数値で見える形で効果をご実感いただけました。一方で地方自治体様の場合には、「これまで外国人が来なかったのに、プロジェクトの後に外国人が来るようになった」という声があったりするものの、我々の集客戦略と効果の相関が企業向けプロジェクトほどは明らかではない、プロジェクト実施時期と実際に外国人旅行者が足を運ぶまでの時期にタイムラグがある等、費用対効果が曖昧になる宿命があります。その宿命が首長様の意思決定を難しくさせてしまうことが多々ありました。

そこでいま弊社では、通常の予算からプロジェクト予算を捻出するのではなく、ふるさと納税型クラウドファンディングやふるさと納税の資金使途としてインバウンドプロジェクトの費用を集め、その財源確保の支援も、そしてプロジェクトの執行についても弊グループで責任を持ってご支援させていただく、一連のパッケージを用意しております。

また、我々は日本人だけでなく日本在住外国人にもふるさと納税型寄付をご案内しております。そこで、当該プロジェクトのプロモーションを通じて、当該自治体を旅するファンとなる日本在住外国人を増やし、リワードに当該自治体に実際に来訪するような仕掛け（例：寄付者限定の旅館特別プラン、古民家での地元の方々とのホームステイ体験など）を施し実際に足を運んでもらい、また日本在住外国人の間で「外国人目線」の口コミが生まれることで海外の外国人にも口コミで広まる、という流れを作ります。

ふるさと納税型クラウドファンディングというものは、アイディアと組み合わせることで本当に無限の可能性を秘めていると感じます。

同様に、弊グループでは施設受託運営、地域産品の移出・輸出についてもクラウドファンディングプロジェクトの組成、調達、プロモーション、執行支援、まで一連の流れをお申し込みいただけますので、ご用命があればぜひお声がけください。

おわりに――善意が国を動かした日

私の父は国家公務員として定年まで働きました。退官から数年が経ち、私が正月に実家に帰省していた際、「最近、枕元にかつての上司が立つことが何度もある」「『以前の職場の仲間たちと再び働く日が来る』と夢で言っていた」と話していました。

そこから数ヶ月後に東日本大震災が起きました。震災地にあった東北大学も復興が必要となりました。施設再建にあたっては、現役の国家公務員の数に余裕がなかったことから、公務員のＯＢが多く駆り出されました。国立大学の施設管理のプロであった父は、東北大学の再建支援ために再び国のために働くことになり、国立大学の現場に戻りました。

かつて一緒に働き、すでに退官していた仲間たちも集いました。退官後は、家族と一緒に住み、第二の仕事人生をスタートして働いている人ばかりでした。収入は大幅に減り、公務員社宅で単身赴任をする生活が始まり、しかもそれが年単位で続くにもかかわらず、です。

父の見た夢は、悲しいことですが、正夢となりました。しかし、父とかつての仲間たちが善意で再び結びついたように、あの時、善意が確かに多くの人々を動かしたことを我々は経験しています。

ふるさと納税市場は、その時に急拡大しました。善意が人々を行動に駆り立てた結果でした。いわゆる見返り（返礼品）とは無関係な拡大でした。日本に寄付文化がないということはなく、その原動力は確かに善意でした。あの時の空気が四方に散らされた後でも、その香りは今なおこの国に残っています。

決して震災だけが寄付の理由になるわけではありません。日常的な問題であっても、多数の人々の寄付と応援を必要とする課題は無数に存在しています。

私どもは、人々の善意を行動に転化する触媒でありたいと思っています。綺麗ごとを言うつもりはなく、今のふるさと納税制度の利点も現実解として活用しながら、寄付行動の経験値を人々が積んでいくプロセスに真っ向から貢献します。

返礼品で寄付先を選ぶことを否定しません。しかし、「どうせ寄付するなら、この課題解決を応援したいかな」と、寄付の目的を考えに入れる人が少しでも増えたら……と思います。

また、寄付獲得に向かう自治体の生存本能も否定することはありません。とはいえ、一つずつでいいので、寄付の目的が明確化なプロジェクトがぽつぽつと生まれ、その一滴一滴が大河をつくってくれたら……と願っています。

いつか各地域が課題の抽出を適切に行い、寄付と応援を必要とするプロジェクトが載る巨大なプラットフォームができ、そこで必要十分な寄付が人々の善意から集まり、地域間の寄付の需給バランスがとれたら、今と全く違った世の中になるでしょう。それは真に理想の状態ですが、この国が世界に例のない形で始めたふるさと納税の最終形は、そのような姿になることなのではないでしょうか。

地域を良くしたいという自治体の善意
応援したいという寄付者の善意
二つの善意がつながり、「日本創生」が進むことを、私どもは願ってやみません。

＜参考資料＞

●寄付白書2016年版
（編集発行：日本ファンドレイジング協会）
●総務省ふるさと納税ポータルサイト
●総務省ホームページ
●2017年11月総務省通達
●Crowd Expert.com

著者経歴

川崎 貴聖（かわさき・たかまさ）

Redhorse Corpotation CEO（Taipei Exchange証券コード2928）、レッドホースコーポレーション株式会社代表取締役会長。Redhorse Corporation のCEO就任から3ヶ月後に、既存事業の改革への着手と同時に、地方創生事業（日本）への異業種参入を決断。会社を新旧両面から改革した。その過程で2016年に台湾市場でのIPOを成功させ、30代の外国籍の経営者の企業改革、及び、台湾上場の軌跡は、台湾の多くのメディアに取り上げられた。

レッドホースグローバル株式会社代表取締役。レッドホースメディア株式会社取締役。

「異質の融合」による価値創造を信じ、バックグラウンド・国籍の異なる逸材を探しては巻き込みながら、事業家と投資家の両側面から多国籍・多文化のスタートアップを設立。

KPMG LLP（現あずさ監査法人）入所後、株式会社コーポレイトディレクション（CDI）に参画。後に同社アソシエイトパートナー及びCDI中国（上海）の総経理に就任。

1979年生まれ。東京大学農学部卒。香港科学技術大学（HKUST）MBA。公認会計士。一般社団法人日本インバウンド連合（JIF）理事。

主な著書に「異質を巻き込む力（PHP出版）」。

善意立国論

ふるさと納税型クラウドファンディングが拓く「日本創生」の未来

2018年4月7日　第1刷発行

著　者 ―――― 川崎貴聖
発行人 ―――― 松田　元
編集人 ―――― 山本 洋之
編集協力 ―――― 佐藤文紀、竹中恒一、阿部ふみほ
（レッドホースコーポレーション株式会社）
長嶺 超輝
発行所 ―――― 株式会社 創藝社
〒162-0825 東京都新宿区神楽坂 6-46 ローベル神楽坂 10F
電話：03-4500-2406　FAX：03-4243-3760
カバーデザイン ―――― 野辺隆一郎
印刷所 ―――― 中央精版印刷株式会社

ISBN978-4-88144-244-9　C0033